MW00898820

This Sketchbook Belongs to:

____

____

^ ^ ^ ^ ^ ^

^ ^ ^ ^ ^ ^

^ ^ ^ ^ ^ ^